C'est moi qui lis

Gerda Marie Scheidl

Loretta
et la
petite Fée

illustré par
Christa Unzner-Fischer

Editions Nord-Sud

Texte français de Agnès Inhauser

Loi n° 49-956 du 16 juillet 1949
sur les publications destinées à la jeunesse.
Dépôt légal 1er trimestre 1993
ISBN 3 314 20771 9

Table des matières

Une vraie fée? 7
La soupe de grand-père 19
Loretta a encore une idée 21
Monsieur Beausoleil 26
Le meilleur gâteau du monde 30
Loretta est très en colère 43
Marie n'est plus seule 52
Petite fée deviendra grande 56
A propos de l'illustratrice 62
A propos de l'auteur 63

Une vraie fée?

Loretta aimait beaucoup jouer dans le jardin. Sa place préférée, c'était un petit banc derrière le mûrier. Elle posa sa poupée Annabelle sur le banc et s'assit à côté d'elle.

«Aïe!» fit une petite voix.

Loretta se leva d'un bond et regarda autour d'elle.

Personne. Pourtant quelqu'un avait crié «Aïe!». Loretta en était sûre et certaine!

Elle tendit l'oreille. Pas un bruit dans le jardin. Juste les abeilles qui bourdonnaient.

«J'ai dû rêver», marmonna-t-elle en se rasseyant.

«Aïe! Mais fais attention!» C'était la même petite voix. Oh! A côté de Loretta il y avait une autre petite fille!

«C'est toi qui as dit aïe?» demanda Loretta.

«Oui, dit la petite fille, tu crois que c'est agréable quand tu t'assieds sur moi?»

«Moi? Mais il n'y avait personne sur le banc!»

«Si. Tu ne m'as pas vue, c'est tout», dit la petite fille. Puis en baissant la voix elle ajouta: «Parce que parfois, je suis invisible!»

«Invisible? Comment ça?» s'étonna Loretta.

«Tu poses de drôles de questions. Une fée, c'est parfois invisible, voyons, tout le monde sait ça! Et je suis une fée...»

«Une fée?» Loretta se mit à rire. Une drôle de fée, avec ses cheveux en bataille et son vieux jean! «Dans mon livre de contes, elles ne sont pas comme ça, les fées!»

«Et alors? Une fée c'est une fée», dit la petite fille. Loretta secoua la tête. «Mais les fées, ça n'existe pas!»

«Attends, je vais te le prouver», dit la petite fille. Elle serra ses lèvres, gonfla ses joues et — pffft! —, elle disparut!

Loretta eut beau regarder partout, elle ne vit la petite fille nulle part.

«Petite fée!» appela-t-elle prudemment.

«Coucou!» répondit une petite voix quelque part.

Ça alors! Loretta n'en revenait pas.

Puis elle entendit quelque chose dans le mûrier. C'était la petite fée.

«Tu me crois maintenant quand je te dis que je suis une fée?»

«Mhmm...» Loretta réfléchit. Elle pensait que les fées, ça n'existait pas... mais disparaître et apparaître comme cela, seule une fée pouvait le faire... «Oui, je te crois», dit-elle.

«Youpi!» s'écria la petite fée.

«Montre-moi tout ce que tu sais faire!» dit Loretta en battant des mains.

La petite fée baissa la tête. «Je ne sais rien faire d'autre... mais quand je serai grande, je saurai tout faire!»

«Tout? Abracadabra et tout le reste?» dit Loretta.

La petite fée acquiesca. «Oui, tout! Mais les grandes fées disent qu'il vaut mieux que je ne sache pas tout faire, sinon je ne ferais que des bêtises... j'aimerais tellement voler par exemple!

Elles disent aussi que pour devenir une grande fée il faut que j'apprenne un tas de choses.»

«Quel genre de choses?» demanda Loretta.

«Aucune idée.» La petite fille se laissa tomber dans l'herbe, visiblement découragée.

«La reine des fées m'a dit que c'est à moi de trouver quelles sont ces choses.» La petite fée soupira. «Je ne serai jamais une grande fée... à moins que tu ne m'aides?»

La soupe de grand-père

Loretta veut bien l'aider.
Mais que faut-il apprendre pour devenir une grande fée? Loretta réfléchit. «Ça y est, je sais! Tu dois manger de la soupe!»
«De la soupe?» La petite fée écarquilla les yeux.
«Oui! Mon grand-père dit toujours que manger de la soupe fait grandir!» dit Loretta.
Elles décidèrent aussitôt d'aller chez le grand-père.

Le grand-père trouva l'idée amusante et leur fit une soupe aux lentilles avec des lardons. La petite fée en reprit quatre fois, ainsi que Loretta. Mais trop c'est trop. Elles eurent terriblement mal au ventre! La petite fée préféra disparaître et Loretta rentra chez elle.

Loretta a encore une idée

Le lendemain elles se retrouvèrent dans le jardin. La petite fée était assise dans un pot de fleurs vide.
«Manger de la soupe n’a servi à rien!» pleurnicha-t-elle.

Loretta réfléchit une nouvelle fois. Soudain elle s'écria: «Ça y est, je sais! Tu dois apprendre à lire et à écrire. Toutes les grandes personnes savent le faire!»

«Lire et écrire?» dit la petite fée, incrédule.

«Oui! Ça s'apprend à l'école. Moi je sais déjà... enfin presque!»

«Youpi!» s'écria la petite fée en bondissant hors du pot de fleurs.

«Je veux apprendre à lire et à écrire! Emmène-moi à l'école!»

«A l'école? Une fée? Non, c'est impossible!» dit Loretta.

«Pourquoi? Oh, s'il te plaît, emmène-moi à l'école!»

Monsieur Beausoleil

Le lendemain la petite fée accompagna Loretta à l'école.

«Bonjour, je m'appelle Fée!» dit-elle à Monsieur Beausoleil, le maître d'école. «Je veux apprendre à lire et à écrire.

Tu veux bien m'aider?»

Monsieur Beausoleil fut très étonné. Mais en voyant le regard décidé de cette drôle de petite fille il accepta.

La petite fée, ravie, s'installa à côté de Loretta.

Mais les fées, même petites, apprennent très très vite, et bientôt la petite fée sut lire et écrire.
Elle s'ennuyait souvent à l'école et un jour — pffft! — elle disparut au beau milieu d'une dictée.
Monsieur Beausoleil se frotta les yeux. Incroyable!
Où était passée l'élève Fée? Il chercha partout, sous le pupitre, derrière les chaises, personne.
Il alla se rasseoir sur sa chaise, perplexe.

«Aïe», fit alors une petite voix, ce qui fit bondir Monsieur Beausoleil.
Toute la classe éclata de rire.

La petite fée était assise sur la chaise du maître! Monsieur Beausoleil n'y comprit plus rien. Il voulut gronder la petite fée, mais elle le regardait d'une telle façon qu'il continua la dictée comme si de rien n'était. La petite fée retourna à sa place et écrivit avec application.

Le meilleur gâteau du monde

«Alors, tu es grande à présent?» demanda Loretta à la petite fée le lendemain.

«Non, pas encore...», dit la petite fée.

Elle se balançait sans entrain sous le poirier du grand-père.

«Mais tu sais lire et écrire... et bien mieux que moi!» dit Loretta.

«Les grandes fées m'ont félicitée, mais elles ont dit que cela ne suffisait toujours pas.»

«Mais que devrais-tu savoir de plus? Faire un gâteau peut-être?»

«FAIRE un gâteau? Comment ça?»

Loretta n'en crut pas ses oreilles: la petite fée ne savait pas que l'on pouvait faire un gâteau!

«Ma maman sait faire le meilleur gâteau du monde. Avec des pépites de chocolat... mhmmm... un délice», dit Loretta.

«Et elle est grande, ta maman?»

«Quelle question, bien sûr qu'elle est grande! Une maman, c'est toujours grand!»

«Youpi!» La petite fée fit un grand bond. «Alors il faut sûrement que j'apprenne à faire un gâteau!
Et alors je serai enfin une grande fée.»

«...qui saura tout faire!» ajouta Loretta. «De la magie, exaucer des vœux...»

«...se transformer en papillon... Youpi!» — pffft! — Loretta ne vit plus la petite fée. Où était-elle passée?

Puis elle entendit une petite voix:
«Dis, tu crois que ta maman me montrera comment faire un gâteau?»

«Bien sûr!» dit Loretta.
«Mais pour cela il vaudrait mieux que tu sois visible.»

«Maman, je te présente Fée, ma nouvelle amie!» cria Loretta en se précipitant dans la chambre de sa maman.
«Pourrais-tu lui montrer comment on fait un gâteau au chocolat?»

«Pourquoi pas?» dit la maman.

Ça ne sera pas triste, se dit Loretta en voyant briller les yeux de la petite fée.

Quelques instants plus tard, la petite fée tenait dans ses mains le batteur électrique.
Elle ne semblait pas très rassurée.
«Tiens-le bien droit», dit la maman.
Puis elle mit l'appareil en marche.

Aïe! Aïe! Aïe! Quel bruit! Quelles étincelles!

L'appareil s'emballa comme un cheval fou et la pâte se mit à gicler dans toutes les directions.

De frayeur la petite fée avait lâché l'appareil! La maman débrancha tout. Loretta enleva des morceaux de pâte collés à ses yeux.

Où était la petite fée?

«Coucou... », fit une toute petite voix.

Cela venait du plafond.

La petite fée s'était réfugiée sur la lampe.

«Je veux descendre, aidez-moi!» dit-elle.

La maman ouvrit grand ses bras et la petite fée s'y laissa glisser.

«Nous allons quand même le terminer, ce gâteau!» décida la maman.

Dans le bol il ne restait qu'un tout petit peu de pâte.
La maman reprit de la farine, du beurre, du sucre, des œufs, de la vanille et trois poignées de pépites de chocolat.

La petite fée mélangea le tout, mais avec une cuillère en bois cette fois-ci. Et cela devint un gâteau délicieux. Loretta, la petite fée et la maman le mangèrent au goûter.
La poupée Annabelle en reçut les miettes.

Loretta est très en colère

Le lendemain Loretta se rendit au jardin tout de suite après l'école. Elle attendit la petite fée avec impatience. Mais personne ne vint.
«Peut-être est-elle devenue grande comme ma maman...», chuchota-t-elle à l'oreille d'Annabelle.
«Peut-être ne reviendra-t-elle plus!»
Au même instant la petite fée apparut. Elle avait toujours les cheveux en bataille et un vieux jean... et elle n'était pas plus grande qu'avant!

«Ça n'a pas suffi?» demanda Loretta.

«Non, pas encore.» La petite fée soupira.

«Mais tu as mangé de la soupe, tu sais lire et écrire et faire le meilleur gâteau du monde!»

«C'est bien, mais cela ne suffit pas, m'ont dit les grandes fées.»

Loretta fronça les sourcils.

«Je me demande ce que tu pourrais encore apprendre!» dit-elle.

La petite fée se mit à pleurer.

«Ne pleure pas, dit Loretta, parce que si tu pleures, Annabelle va se mettre à pleurer, et moi aussi!»

«Buhuu...»

«BU-HUUH!!!»

Marie jouait tranquillement dans le jardin voisin lorsqu'elle entendit ce concert de pleurs. Elle regarda par-dessus la clôture et vit Loretta et une autre petite fille sangloter sur le banc. Elle escalada la clôture et s'approcha des deux pleureuses.

«Que se passe-t-il?» demanda Marie doucement.

Loretta cessa aussitôt de pleurer.

«Ça ne te regarde pas!» dit-elle brusquement.

«Mais... je peux peut-être vous aider?» dit Marie d'une petite voix.

«Toi, nous aider? Jamais de la vie! Et puis d'abord, c'est mon jardin!»

Marie ne dit plus rien.

«Eh! Pourquoi tu te fâches comme ça?» dit la petite fée à Loretta.

«Parce qu'elle est bête comme ses pieds!

Va-t-en!» cria-t-elle à Marie.
Ce fut au tour de Marie de pleurer.
Pourquoi Loretta était-elle aussi méchante avec elle?
Elle retourna dans son jardin, les yeux remplis de larmes.

«Attends!» s'écria la petite fée en essayant de la rattraper.
«Je ne te chasse pas, moi! Et si on jouait à cache-cache?»

Marie se retourna. Oh oui, elle jouerait volontiers à cache-cache! Elle fit oui de la tête.

«Youpi!» dit la petite fée.
Puis elle prit Annabelle et la donna à Marie.

«Ah non!» cria Loretta.
«Rends-moi ma poupée!»
Elle arracha la poupée des mains de Marie et partit, très en colère.
«Loretta! cria la petite fée, tu n'es vraiment pas sympa! Viens jouer avec nous!»
Sans se retourner Loretta répondit: «Pas question! Pas avec cette dinde!»

Marie n'est plus seule

A partir de ce jour-là Marie et la petite fée jouèrent ensemble. Dans le jardin de Marie elles construisirent une cabane avec des branches et des draps. Marie était madame Pamplemine et la petite fée monsieur Tartillon.

Madame me Pamplemine montra à monsieur Tartillon comment faire un nœud de cravate. Monsieur Tartillon apprit à madame Pamplemine à faire des culbutes en arrière.

«Si seulement Loretta jouait avec nous!» disait parfois Marie.

«C'est tant pis pour elle, dit la petite fée, mais tu verras, elle reviendra bientôt.»

En effet, Loretta revint bientôt.

Elle guetta tout d'abord par-dessus la clôture. Puis elle jeta Annabelle dans le jardin de Marie.

«C'est pour Marie?» demanda aussitôt la petite fée.

Loretta voulut dire non, mais, c'est drôle, elle s'entendit dire oui!

«Ah... enfin!» dit la petite fée.

Loretta escalada la clôture et s'approcha de Marie.

«Tu sais, l'autre jour j'ai dit ça parce que j'étais très en colère», dit-elle.

«Et puis parce que je voulais la petite fée pour moi toute seule...»

Marie lui sourit.

Petite fée deviendra grande

Maintenant Loretta, la petite fée et Marie jouaient de longs après-midi ensemble.
Loretta était la maman, et Annabelle le bébé. Marie était le papa, et la petite fée le docteur, car Annabelle avait la rougeole. Ce fut un été merveilleux.

Mais un soir il se passa quelque chose d'extraordinaire.

La petite fée disparut comme elle le faisait souvent, mais lorsqu'elle réapparut, elle n'était plus la même. Elle était devenue une belle et grande fée, toute de fleurs vêtue!

«Oh! Petite fée! dit Loretta, es-tu grande à présent?»

La petite fée répondit par de grands signes joyeux et disparut, laissant à sa place de beaux papillons multicolores...

«Je crois que la petite fée est une vraie fée à présent», dit Loretta à Marie. «Elle a mangé beaucoup de soupe, elle a appris à lire et à écrire, elle sait faire un gâteau...»

«Mais cela n'avait pas suffi!» dit Marie.

«C'est vrai... qu'a-t-elle donc encore fait d'exceptionnel?»

Loretta réfléchit. Il manquait une chose, mais laquelle?

«Ça y est, je sais!» s'écria Loretta.

«Quoi donc?» demanda Marie.

«Grâce à elle nous sommes devenues des amies, toi et moi», dit Loretta.

«C'est vrai, dit Marie songeuse, et ça, ce n'était pas du gâteau!»

Et elles éclatèrent de rire.

A propos de l'illustratrice

CHRISTA UNZNER-FISCHER est née en 1958 près de Berlin, en Allemagne. Elle voulait devenir danseuse classique, mais elle a finalement étudié la décoration de vitrines.
Après avoir appris le graphisme, elle a travaillé dans une agence de publicité. Un jour elle a présenté des illustrations à un concours et elle a gagné le troisième prix.
Depuis 1982 elle travaille comme illustratrice indépendante , principalement dans le domaine du livre pour enfants.
Elle aime les contes de fées – et «Alice au Pays des Merveilles». Christa Unzner-Fischer est mariée et vit dans la banlieue de Berlin.

A propos de l'auteur

GERDA MARIE SCHEIDL est née à Bremerhaven, en Allemagne. Après avoir suivi des cours de danse – à Vienne – et d'Art dramatique, elle est tout de suite engagée.. C'est a Bremerhaven qu'elle a fait la connaissance de son futur mari, le chanteur d'Opéra Otto Scheidl.
Elle a été danseuse pendant quelques années. Son expérience théâtrale l'a poussée ensuite à se lancer dans le théâtre pour enfants. Elle a dirigé un petit théâtre privé, en assurait la régie, créait les décors et les costumes, et écrivait les pièces. Plus tard, elle s'est mise à écrire des contes et des livres pour les enfants.
Elle aime leur raconter des histoires, et quand elle leur lit ses livres à haute voix, à chaque fois c'est comme s'ils assistaient à une petite représentation théâtrale.

Les enfants apprennent à lire
en lisant tout seuls!

Les Editions Nord-Sud présentent avec la collection **C'est moi qui lis** des livres pour les enfants qui commencent à lire tout seuls.

Cette collection veut établir un pont entre l'album illustré et le livre pour enfants plus grands. Elle répond ainsi, tant par le format de ses livres que par le choix de ses thèmes, aux attentes des tout jeunes lecteurs et lectrices.

Les éléments d'aide à la lecture sont les suivants:

- Un choix de gros caractères, un langage accessible et vivant.

- Des textes clairement structurés, permettant à l'enfant de se repérer dans l'évolution du récit.

- Des illustrations en couleurs qui accompagnent de bout en bout le texte et en facilitent aussi la compréhension.

Editions Nord-Sud